おじいちゃんやおばあちゃんが
生まれた「大正」や「昭和」が、
西暦でいうと何年のことか
この表ですぐにわかるよ！

西暦	元号
1973年	昭和48年
1974年	昭和49年
1975年	昭和50年
1976年	昭和51年
1977年	昭和52年
1978年	昭和53年
1979年	昭和54年
1980年	昭和55年
1981年	昭和56年
1982年	昭和57年
1983年	昭和58年
1984年	昭和59年
1985年	昭和60年
1986年	昭和61年
1987年	昭和62年
1988年	昭和63年
1989年	昭和64年（1月7日まで）
平成	
1989年	平成元年（1月8日から）
1990年	平成2年
1991年	平成3年
1992年	平成4年
1993年	平成5年
1994年	平成6年
1995年	平成7年
1996年	平成8年
1997年	平成9年
1998年	平成10年
1999年	平成11年
2000年	平成12年
2001年	平成13年
2002年	平成14年

西暦	元号
2003年	平成15年
2004年	平成16年
2005年	平成17年
2006年	平成18年
2007年	平成19年
2008年	平成20年
2009年	平成21年
2010年	平成22年
2011年	平成23年
2012年	平成24年
2013年	平成25年
2014年	平成26年
2015年	平成27年
2016年	平成28年
2017年	平成29年
2018年	平成30年
2019年	平成31年（4月30日まで）
令和	
2019年	令和元年（5月1日から）
2020年	令和2年
2021年	令和3年
2022年	令和4年
2023年	令和5年
2024年	令和6年
2025年	令和7年
2026年	令和8年
2027年	令和9年
2028年	令和10年
2029年	令和11年
2030年	令和12年
⋮	⋮

はじめに

　超高齢社会の日本は、子どもの数がへりつつあり、少子高齢化が世界でいちばん進んでいる国です。全人口は減少していますが、お年よりの数は今後もふえてゆき、2040年ごろまで増加が続きます。

　お年よりにもみなさんと同じ小学生だった時期があります。いまとは時代がちがうため、みなさんとはことなる経験をたくさんしています。勉強の内容も、遊びもちがいます。しかし、子どもであったことにちがいはありません。おたがいの気持ちは十分に理解しあえるはずです。

　このシリーズでは、小学生のみなさんがお年よりへの理解を深め、世代をこえてふれあうためにはどうすればいいのかを考えていきます。超高齢社会をともに生きていくためにはどのような課題があるのか、知恵をわかちあい、ささえあうにはどうしたらいいのかを調べたり、話しあったりするきっかけにしてください。

　さて、この第1巻では、「高齢者」といわれる人たちがどんなことを考えたり、どんなふうにくらしたりしているのかをしょうかいします。また、年をとるにつれて体や心がどのように変化するかについてみていきます。お年よりを知る手がかりをたくさんみつけましょう。

大阪大学名誉教授／大阪府社会福祉事業団特別顧問

佐藤眞一

おじいちゃん、おばあちゃんを知ろう! ①

お年よりってどんな人たち?

監修 佐藤眞一
大阪大学名誉教授／大阪府社会福祉事業団特別顧問

小峰書店

もくじ

この巻の登場人物

さくら

小学4年生
おばあちゃんと会うのは、年に一度くらい。ふだんお年よりとの交流がないので、どんな人たちなのかもっと知りたい。

はると

小学4年生
同じ家に住んでいるおじいちゃん、おばあちゃんと夕ごはんをいっしょに食べたり、テレビを見たりしながらよく話す。

サトウ先生

お年よりの研究者
お年よりの気持ちや行動にくわしい。お年よりについて多くの人に知ってもらうため、講演をしたり、本を書いたりしている。

全4巻 『おじいちゃん、おばあちゃんを知ろう!』

この本!

1巻 お年よりって どんな人たち?

「高齢者」といわれる人たちの多様性をさまざまな年代で紹介するとともに、共通してあらわれる体や心の変化をみていきます。

2巻 遊びや知恵を わかちあおう!

昔の遊び、食やくらしの知恵、手仕事の技をお年よりから教わるとともに、子どもが先生となれる交流やふれあうときのコツを紹介。

3巻 どうささえる? 認知症・介護

認知症について、よくある症状や当事者の気持ち、対応などをわかりやすく解説するほか、けがの予防策や介護の仕事などを紹介します。

4巻 超高齢社会って どんな社会?

超高齢社会とはどんな社会なのか、グラフやイラストを豊富に用いてわかりやすく解説。地域や災害時のささえあい、町の工夫も紹介。

おじいちゃん、おばあちゃんは変化している？

教えて！ 「お年より」って だれのこと？

みんなは、「お年より」というと
何さいくらいの人を思いうかべるかな？
「高齢者」とはちがう？ まずは、
どんな人たちをさすのかを知っておこう！

「高齢者」は何さいから？

「お年より」も「高齢者」も、年をとっている人のことをさしますが、法律では「高齢者」という用語が使われます。何さいからの人が「高齢者」なのかは、法律によってちがいますが、医療については65さい以上の人をさします。

しかし、「高齢者」は、75さい以上の人とするべきという考え方もあります。医療が進んだり、栄養のよい食事をとるようになったりしたことで、昔にくらべて、お年よりの体のはたらきは10さいくらい「若返り」していると考えられているからです。「高齢者」といっても、年齢や健康状態はさまざまなことを知っておきましょう。

法律によって「高齢者」の年齢はちがう

高齢者の医療についての法律

高齢者の医療についての法律※では、65～74さいが「前期高齢者」、75さい以上が「後期高齢者」とされています。

※「高齢者の医療の確保に関する法律」

前期高齢者	後期高齢者						
65 70	75 80	85	90	95	100さい		

道路交通法

高齢者

車の運転免許などを定める法律では、70さい以上の人が高齢者とされています。免許を更新するときに講習を受けなければならないなどの、決まりがあります。

●この本のシリーズでは、おもに人口の構成や制度の説明のときに「高齢者」という言葉を使います。

「高齢者」の人口ってどのくらい？

いま、日本には65さい以上の「高齢者」が約3600万人います。高齢者の人口がすべての人口にしめる割合（高齢化率）が21％をこえる社会を「超高齢社会」といいます。いま、日本の高齢化率は約30％で、2040年には34.8％になると予測されています（→4巻8ページ）。

このように日本は、お年よりが多い超高齢社会ですが、おじいちゃんやおばあちゃんとはなれてくらす「核家族」が多く、お年よりがふだんどんなことをしたり、考えたりしているのか、知る機会が少なくなっています。

核家族

夫婦だけ、または父親や母親と結婚していない子どもだけで構成されている家族のことをいいます。太平洋戦争後、工業化が進むにつれて農村から都市へ人口が流れ、核家族がふえていきました。祖父母といっしょにくらす家族は「拡大家族」といいます。

核家族

おじいちゃんやおばあちゃんと、はなれてくらしているよ。

さくらの家族

 父（ちち）
 母（はは）
 子（さくらの兄）
 子（さくら）

拡大家族

おじいちゃんとおばあちゃん、お父さん、お母さん、ぼくの3世代がいっしょにくらしているよ。

はるとの家族

 祖父（そふ）
 祖母（そぼ）
 父（ちち）
 子（はると）
 母（はは）

次のページで、60代から90代の人たちにいろいろな質問をしてみたよ。どんなことを話してくれたのかな？さっそくみていこう！

会って きた! どんな人たちが いるんだろう?

おじいちゃんや
おばあちゃんって
どんな毎日をすごして
いるのかな?

いろいろな世代の人に
インタビューして、
楽しみにしていることを
教えてもらったよ!

60代 農家のケーキ屋さん
→10ページ

稲作農業をしながら、
夫婦で米粉を使った
ケーキやクッキーの
お店をやっています!

楽しみにしている ことは?

研究のため、ほかのお店のケーキを
食べに行くことです。フルーツの使い
方や材料の組みあわせなど、新しい
商品のヒントをもらえるんです。

お店を開く日には、約10種類の生ケーキと、
クッキーやフィナンシェなどの焼き菓子を用
意します。

インタビューをしてみよう!

身近にいるおじいちゃんやおばあちゃんは、
どんな毎日をすごしているのかな? この本の、
後ろの表紙の裏にあるワークシートを使って、
インタビューをしてみよう!

70代 ラグビープレーヤー

→12ページ

シニアラグビーチームに参加しています。
交流試合で、海外に行くこともあります。

楽しみにしていることは？ 👉

練習のあとに仲間と食事をしながら、わいわい話すことですね！

80代 糸かけアートの達人

→14ページ

糸を使ったアート作品や家の周りの自然の景色をSNSで発信しています。

楽しみにしていることは？ 👉

SNSや個展で発表した作品について、感想をもらうことです。

90代 平和の語り部

→16ページ

太平洋戦争の体験を小学生や中学生につたえる活動をしています。

楽しみにしていることは？ 👉

囲碁を打ったり、近くの畑で育てている野菜を収穫することですね。

ほかにもいろいろ聞いてきたよ。
次のページからのインタビューを読んでね！

写真提供：愛媛新聞社

9

インタビュー① 60代 スイーツでみんなを笑顔に

森田奈夫子さん・秀樹さん

奈夫子さん：1961年（昭和36年）
神奈川県生まれ。

秀　樹さん：1958年（昭和33年）
千葉県生まれ。

秀樹さんが建設会社を退職し、実家の農業をつぐときに、もうひとつの事業としてふたりでケーキ屋を始めました。

千葉県の森田さん夫婦は、稲作農業をしながら、週に2日、ケーキ屋さんを開いているんだ。

この記事では、奈夫子さんの話をしょうかいするよ！

Q どんなケーキ屋さんですか？

A　お米の農家をしていて、家で育てたお米を使ったケーキをつくっています。安心して食べてもらえるように、ケーキやクッキーの生地には、農薬を使っていないお米の粉を使っています。卵やバター、クリームなども体にやさしい安全なものを使っています。ケーキに使うくだもののなかには、88さいのおじいちゃん（秀樹さんのお父さん）がつくったものもあるんですよ。自宅の一部が調理場と店の出入り口になっています。

奈夫子さんがケーキ教室に通うきっかけとなった本。30年以上たったいまでも大切にしています。

お店に出すモンブランケーキの準備。調理台から窓ごしにお客さんの応対をします。

お店を開きたいと 思ったのはいつ？

A 30さいくらいのときですね。お菓子は子育てをしているときからよくつくっていました。そのころ、フランスで修業をしたケーキづくりの先生が書いた本に出会って、こんなケーキをつくりたい、って思ったんです。子どものころからケーキがすきで、小学校の卒業文集では将来なりたいものは「ケーキ屋さん」と書いていたので、そのころから興味があったんだと思いますよ。子どものころは、ケーキはいまよりも、特別なときにいただくお菓子でした。

10年前に秀樹さんが実家の農業をつぐことになって、農業ともうひとつ、自分たちがやってみたいことを組みあわせることで、お店を開く夢がかないました。

どうやって 技術を身につけたの？

A 6年半ケーキ教室に通い、ケーキを丸ごと1台、ひとりで計量からつくり上げるという方法で技術を身につけていきました。職業としてケーキがつくれるようになるためのコースでは、教室で習ったケーキを家でつくって先生に食べてもらう宿題がありました。先生が食べて合格しないと、何個も何個も同じものをつくっていかなきゃいけないんです。先生から多少、きびしいことを言われてもめげずに続けて、ケーキのつくり方をおぼえていきました。

お店をしていて うれしかったことは？

A 小さなお子さんが誕生日にはここのケーキにしてほしいと言ってくれたり、高齢の方や病気で食欲が落ちてしまった方も、ここのケーキなら食べられると、家族の方が買いにきてくれることがあります。食べると笑顔がこぼれるようなケーキをつくっていきたいので、こうした声を聞けると、とてもうれしいですね。

ある日のスケジュール

午前5時	起きて、散歩をしたあと、朝ごはん、家事
午前7時	開店準備
	つくってひやしておいたケーキを型からぬいたり、カットしたり、フィルムをまいたりする
午前10時	開店
午後1時ごろ	昼休み
	お客さんがとぎれたときに休むので、時間はその日によってちがう
午後6時	閉店
	翌日に販売するシフォンケーキをつくってから、かたづけ
午後10時	夕ごはんを食べてからおふろ
午後11時	ねむる

お店の名前は、フランス語の「小さな笑顔」（アン・プティ・スリール）をもとに、呼びやすいように最後を「スリー」としました。

東京都の田中さんは、
保育園をいくつも経営しながら、
週末はラグビーで
あせを流しているよ！

わたしの
おばあちゃんと、
1さいちがいなんだね！
（→18ページ）

田中正己さん

1949年（昭和24年）、東京都生まれ。大学を卒業したあと、アメリカに留学。帰国後にトラックメーカーに就職し、中東の国々によく出張しました。33さいのときに父の経営する保育園ではたらき始め、いまは7園を経営しています。

どんな活動をしているの？

A 40代以上のメンバーで活動するラグビーチーム「不惑倶楽部」に約35年間所属していて、ほとんど毎週末に試合があります。いまは70代チームですが、試合の前半と後半を合わせて30分間出場しますよ。シニアラグビーでは、ルールは試合の参加者の体力をみながら、あまり無理のないようにその場で決めることが多いです。

子どもたち向けのラグビースクールといっしょに練習することもありますが、小学6年生相手だと、さすがに全然追いつけないですね。

大学卒業後、はなれていたラグビーを再開したのは、30代の終わり。知り合いにラグビーを教えてほしいとたのまれたのがきっかけでした。

試合でボールをもって全力で走る田中さん。不惑倶楽部では、年代ごとにユニフォームのパンツの色が分かれていて、70代は黄色です。

Q ラグビーの魅力って？

A チームスポーツだから勝ちも負けもわかちあえるし、敵も味方もぶつかりあってつながることができて、試合が終われば仲間になれることです。

もともと高校と大学でラグビーに打ちこんでいたのですが、そのころは勝つことに必死でした。いまは「学校の看板をせおってるから、勝たなきゃ」というプレッシャーはないから、すごく楽しいですよ。

60代くらいで「体力がおとろえたかな」と思ったことがありました。いまは70代のまんなかの年齢ですが、チームは年代別なので、80代になったらまた期待の若手になれるというのがおもしろいところです。

Q これからの人生をどうすごしたい？

A スポーツを通して、健康に年を重ねていきたいですね。スポーツジムには週1回くらい通っていて、ラグビーができるように体を整えています。

お年よりの訪問介護サービスの会社の運営もしているのですが、認知症の問題はとてもたいへんだと感じています。ラグビーのようなチームスポーツで、仲間と集まってわいわいもり上がることは、脳のはたらきを活発にするのにもとてもよいはずです。スポーツを通して、認知症になったり、症状が進んだりするのをおくらせることができるようなしくみをつくりたいと思っています。

Q いまの子どもたちにつたえたいことは？

A 子どもたちには可能性があります。ラグビーもそうですが、何にでもこわがらずにぶつかっていきながら、いろいろな経験をしてほしいです。何でもやってみることで、自分にできること、できないことがわかるはずです。人に迷惑や心配をかけるほどあぶないことをするのは、だめだけどね。

ある日のスケジュール

午前7時	起きて朝ごはん
午前9時	準備をして、ラグビーの試合に出発
午前10時	ウォーミングアップ
午前11時	試合開始
午後1時	チームメイトや相手チームの選手といっしょに昼ごはん
午後4時	帰宅
午後5時	おふろ
午後6時	夕ごはん
午後7時	テレビを見ながらのんびり
午前0時	ねむる

試合前に参加する選手とキャッチボール。ラグビーをしているというだけで、年齢も国もこえて仲よくなれます。

田中さんが活動する東京都板橋区のラグビー協会は、小学生向けのラグビースクールを運営しています。ラグビーの楽しさや気持ちよくプレーするためのルールをつたえています。

インタビュー③ **80代 糸かけアートに夢中！**

長野県の西野さんは、80さいをすぎたときに、夢中になれる趣味をみつけたんだって。

趣味のおかげで、人生がより楽しくなったそうだよ！

西野陽子さん

1937年（昭和12年）、東京都生まれ。設計を学び、設計事務所ではたらいたあと、家庭に入り一男三女を育てる。60さいすぎに長野県へ移住。

Q 糸かけアートって何？

A 糸かけアートとは、板にくぎを打ち、そのくぎに糸をかけて模様をつくるものです。80さいをすぎたときに、糸かけアートを知り、すぐに夢中になりました。

最初は、教えられた通りにつくっていましたが、そのうちにオリジナルの作品に挑戦し始めました。わたしの周りには花、葉、木、山、空……さまざまな自然の題材が広がっています。自然にあるいろいろな模様を「どうやって表現すればいいかな」などと考えながらつくっています。

くぎに糸をかけて、模様をつくり出す。「糸の太さや色など、どれを使うか考えるのも楽しい」と西野さん。

家の周りにある、ゆたかな自然から、創作のヒントをもらって形や色を決めていきます。

糸かけアートのやりがいは?

A SNSで作品を発表したら、知らない人から「すてきな作品ですね」などと連絡をもらうこともあり、とてもやりがいを感じます。小さな個展を開いたときは、小学校のときの同級生も来てくれて、「年をとってもこんなことができるんだね!」と、おどろいてもらえました。糸かけアートのおかげで、毎日の生活がより楽しくなったのはもちろん、人とふれあうこともふえたような気がします。

ある日のスケジュール

午前5時	起きて天気をたしかめる
午前7時	朝ごはん
午前8時	畑の手入れ、家事、買い物など
午前12時	昼ごはん
午後1時	昼寝
午後2時	趣味の時間 糸かけアートのほか、SNSへの 投稿や、読書など
午後6時	夕ごはん
午後7時	おふろ
午後8時	ねむる

Q 自然のなかですごすのはどんな気持ち?

A わたしは60さいをすぎたときに、家族とはなれて東京から長野へうつり住みました。自然を楽しみたい、ふれあいたいと思ったからです。引っこし先にえらんだのは、山や湖がすぐ目の前にある場所。昨日、つぼみだった花がさいたり、葉っぱが少しずつ色づいたり、雪がふって山が粉砂糖をかけたようになったり。毎日、いろいろなすがたの自然が見られると、とても充実した気持ちになります。

糸かけアートで、こおりついた木を表現した作品の一部。枝のつき方や、葉の形のちがいに注目してつくったそう。

Q いまの子どもたちにどんなことを知ってほしい?

A 夢中になれることがあると、毎日をもっと楽しめるかもしれませんね。無理にさがす必要はないとは思いますが、ちょっとでも「やってみたい」と思うことがあれば、失敗をおそれず、とりあえずやってみるのはどうでしょう。

わたしも糸かけアートをみつけるまで、じつはいろいろなことにチャレンジしました。登山をしたり、落語を習ったり……。うまくいかなかったら、また別のことをすればいいのだから、失敗なんて気にしなくていいと思いますよ。

自分の育てた植物を、じっくり観察しています。葉っぱが少し大きくなっただけでも、自然のもつエネルギーを感じて元気が出ます。

15

インタビュー④ 90代 戦争体験を語りつぐ

愛媛県の中山さんは、松山市の「平和の語り部」として、小学校や中学校などで戦争体験をつたえる活動をしているよ。

小学3年生のときに太平洋戦争が始まったんだって。どんな体験をしたんだろう？

中山厚さん

1933年（昭和8年）、愛媛県生まれ。小学3年生のときに、ラジオで真珠湾攻撃※1のニュースを聞きました。中学1年生のときに「松山大空襲」を体験。戦後は中学校の理科の教師になり、定年退職するまでつとめました。

写真提供：愛媛新聞社

Q 小学生のときの思い出は？

A 家の前に縁台（屋外用の細長い腰かけ）を出して、ご近所さんと仲よく明るい交流をしていました。友だちとはめんこやこま回し、おにごっこなどをしていましたね。

6年生のころ、戦争がはげしくなってからは、生活が大きく変わりました。町の人全員でバケツリレーによる防火訓練をしたり、「灯火管制」※2という決まりがあって、夜になるとうす暗い明かりだけで生活していました。食べる物はだんだんと粗末になり、おかまにのこったごはんつぶを天日干しして乾燥させた「干し飯」を非常食にしました。

※2 敵が空襲するときの目標にならないように、明かりを家の外にもらさないようにする決まり。電球を黒い布などでおおったり、側面に色をぬって、底面だけ光る電球を使ったりしました。

ある日のスケジュール

午前7時	起きて、朝ごはん
午前8時	新聞を読み、少しテレビを見たあと、日記を書いたり、趣味の書道をしたりしてすごす
午後1時	昼ごはん
午後2時	テレビを見たあと、畑で野菜の世話
午後5時	おふろ
午後7時	夕ごはん
午後8時	テレビを見たり、家族とくつろぐ
午後10時	ねむる

たばになった焼夷弾の模型。投下されたあと、空中でパッと開いて、一つひとつの焼夷弾が飛び出すしくみになっています。

E-46集束焼夷弾：実物大模型
製作：江崎模型（株）所蔵：岐阜市平和資料室

　※1 1941年12月8日に、日本の海軍によっておこなわれたハワイの真珠湾への攻撃。この日に太平洋戦争が始まりました。

Q 空襲のときは
どんな様子だったの？

A 1945年（昭和20年）7月26日の夜のことです。急にサイレンが鳴り始め、空を見上げるといくつもの爆撃機が近づいてきました。兄と妹といっしょに防空頭巾をかぶって必死に走ってにげました。頭の上では、ものすごい爆音が鳴り、焼夷弾がふっていました。とちゅうでくつがなくなり、はだしでした。川の土手について、ふり返ると、街はけむりで何も見えませんでした。そこで朝まですごしました。この「松山大空襲」で松山市の市街地は焼け野原になり、多くの人の命がうばわれたのです。

太平洋戦争

第二次世界大戦のうち、アジア・太平洋地域で1941年（昭和16年）12月から1945年（昭和20年）8月まで、日本と、アメリカ・イギリスなどの連合国との間でおこなわれた戦争。日本がやぶれて終わった。

Q 空襲のあとは
どんなくらしだったの？

A 家も学校も焼けて、着る物も、食べ物もなく、住むところもありませんでした。市の中心からはなれた農家の納屋をかりて生活することになりましたが、おふろやトイレはありません。農家の方からは、ときどき食べ物を分けていただくこともありましたが、田んぼや川でどじょうをとったり、いなごやかえる、野草なども食べました。空き家をかりて、野菜を植えたり、にわとりを飼ったりできるようになったのは、空襲から3年くらいたってからです。

Q いまの子どもたちに
つたえたいことは？

A 戦争は悲惨で、人間らしい感情をうしなわせてしまう、残酷なものだということです。世のなかから争いをなくすことはできないでしょう。でも、それを戦争にしてはなりません。みんなが一人ひとりしっかり勉強をして、正しい知識と判断力、それにくわえて行動力を身につけてほしいです。そして、やさしい思いやりの心を大切にする人になってほしいと願っています。心のゆたかさを大事にして、いい人生を歩んでください。

学生時代の中山さん（右）

愛媛県松山市立日浦小学校の6年生に、「松山大空襲」の様子をつたえる中山さん。絵は自分でかいたものです。

写真提供：愛媛新聞社

調べてみよう！
太平洋戦争では、日本の多くの都市が空襲を受けました。みんなが住む地域では、戦争によりどのような被害があったのか調べてみよう。

どんな時代を生きてきたの？

わたしの
おばあちゃん（和子さん）は
どんな人生を
歩んできたのかな？

さくら
（小学4年生）

3つの時代を生きてきたよ！

おじいちゃんやおばあちゃんは、大正や昭和に生まれ、いろいろなできごとをみてきました。ここでは、昭和・平成・令和という3つの時代をすごしてきた和子さんの人生を通して、日本や世界のできごとをふり返ってみましょう。

和子さん（73さい）
さくらさんのおばあちゃん。夫とふたりぐらし。コーラスの仲間との旅行や、孫と会うのが楽しみ。

1951年
（昭和26年）
【サンフランシスコ平和条約※1・日米安全保障条約※2が調印される】

1953年
（昭和28年）
【奄美群島が日本に復帰】

1968年
（昭和43年）
【小笠原諸島が日本に復帰】

1950年
（昭和25年）
0さい
誕生

5月、4人きょうだいの末っ子として生まれる。

1957年
（昭和32年）
6さい
小学校入学

新しくできた団地へ引っこす。

1963年
（昭和38年）
12さい
中学校入学

合唱部に入部。

1966年
（昭和41年）
15さい
高校入学

部活動で合唱に熱中。

昭和25年
テレビの試験放送が始まる

和子さんが生まれた1950年に、テレビの試験放送が本格的に始まりました。1953年にはNHKの放送が始まり、家庭向けのテレビも発売されました。はじめはとても高級品でしたが、1960年ごろには全国の約半分の家庭に広まりました。和子さんはおおみそかのNHK「紅白歌合戦」を見るのが大すきでした。

1953年、テレビの放送を見ようとデパートに集まった人たち。

※1　1945年、第二次世界大戦にやぶれて連合国に占領された日本は、この条約で独立を回復しました。
※2　日本にアメリカ軍が駐留することをみとめた条約。

昭和39年

アジア初のオリンピック開催！

1964年に開催された東京オリンピックに日本中が熱狂しました。開催に先立って、東海道新幹線が開通したり、首都高速道路が建設されたりするなど、日本が一気に発展しました。2年後には和子さんが夢中になっていたイギリスのロックバンド「ビートルズ」が来日。和子さんは、コンサートに行きました！

1964年の東京オリンピック開会式で聖火台に向かう聖火ランナー。

1970年
（昭和45年）
【大阪万博開催】

1972年
（昭和47年）
【沖縄が日本に復帰】

1969年
（昭和44年）
18さい
短期大学入学
住宅の内装のデザインを学ぶ。

1971年
（昭和46年）
20さい
就職
住宅機器の会社で事務員としてはたらき始める。

1974年
（昭和49年）
23さい
結婚
お見合いで出会って結婚。仕事をやめて主婦になる。

1976年
（昭和51年）
25さい
はじめての子ども、さくらさんのお父さんが生まれる。

1979年
（昭和54年）
28さい
次男が誕生。毎日大いそがし！

昭和48年

トイレットペーパーがなくなる!?

1973年にエジプト、シリアとイスラエルとの戦争によって、原油の価格が高くなる「オイルショック」がおきました。「機械を動かす油がなくなって、トイレットペーパーをつくれなくなるのではないか」といううわさが日本全国に広まり、買いだめしようと店に行列ができました。実際にはトイレットペーパーが不足していたわけではありませんでした。

1973年、トイレットペーパーを買うために行列ができました。

昭和58年
ファミコンが大ブーム！

1983年に「ファミリーコンピュータ（ファミコン）」が発売されると、大ブームになりました。なかでも1988年に発売されたソフト「ドラゴンクエストⅢ そして伝説へ…」は、買うのに大行列ができるほどの人気。和子さんの息子たちも、勉強よりも夢中に！

家でゲームセンターと同じように遊べるようになりました。

写真：ロイター／アフロ

1994年
（平成6年）
【日本が「子どもの
権利条約※1」を
批准する】

2007年
（平成19年）
【日本の高齢化率が
21.5％になり、
超高齢社会に突入】

1989年
1月8日
【平成元年】

1983年
（昭和58年）
32さい

1988年
（昭和63年）
37さい

2000年
（平成12年）
49さい

2005年
（平成17年）
54さい

長男が小学校入学。同級生のお母さんにさそわれて、コーラスのグループに入る。

近くのインテリアショップでパート社員としてはたらき始める。

父（さくらさんのひいおじいちゃん）が病気でなくなる。

母（さくらさんのひいおばあちゃん）の介護をするため、仕事をやめる。

平成7年
大地震と地下鉄サリン事件がおきる

1995年、1月に兵庫県南部を震源とした阪神・淡路大震災がおき、6000人以上がなくなりました。3月には東京で地下鉄サリン事件がおきました。新興宗教団体のオウム真理教により、サリンとよばれる猛毒が地下鉄の電車のなかにまかれ、13人※2がなくなりました。和子さんの家族も、不安のなかで日々をすごしていました。

1995年、阪神・淡路大震災でおきた火災の焼けあと。

※1 生きる権利や暴力から守られる権利、教育を受ける権利など、世界のすべての子どもたちがもつ人権（権利）を定めた条約。1989年に国連総会で採択され、日本は、1994年に批准（条約を守ることを約束すること）しました。　※2 被害者などをすくうための給付金支給に当たり、2010年3月までに認定された数。

平成20年

スマートフォンが日本で発売!

2008年に日本ではじめてのスマートフォン(スマホ)が発売されました。和子さんは、当時は「むずかしそう……」と手を出しませんでしたが、SNSで連絡をとることが多くなってスマホを使い始めました。いまでは、はなれてくらす孫のさくらさんとのやりとりにも、スマホを使っています。

2008年、iPhoneが発売された日の様子。

写真:AP/アフロ

2015年
（平成27年）
【COP21パリ協定※3が採択される】

2011年
（平成23年）
【東日本大震災がおきる】

2019年
5月1日
【令和元年】

2009年
（平成21年）
58さい

母(さくらさんのひいおばあちゃん)が病気でなくなる。

2013年
（平成25年）
62さい

初孫(さくらさんのお兄さん)が生まれる。

2015年
（平成27年）
64さい

ふたり目の孫(さくらさん)が生まれる。

2024年
（令和6年）
73さい

ピアノを習い始める。週末はコーラスの練習に出かけて、歌や仲間とのおしゃべりを楽しむ。

令和2年

新型コロナウイルス感染症流行

2020年に新型コロナウイルス感染症が世界的に流行しました。感染が広まるのを防ぐため、マスクをつけたり、手にふれるものを消毒したりしました。学校はオンライン授業になり、人が多く集まるイベントは中止になるなど、人とのふれあいも制限されました。和子さんは、オンラインでコーラスの練習を続けました。

感染が広がらないように、スーパーなどの会計レジはビニールで仕切られました。

※3 地球温暖化をふせぐために、世界の平均気温の上昇を産業革命以前にくらべて2℃よりも低く、1.5℃におさえる努力をすることを取り決めました。

教えて！ 年をとると、体や脳はどう変化するの？

ここからは
年をとるにつれておこる、人間の
体や脳の変化をみていくよ。
どんなふうにかわるのか
知っておこう！

老化

年をとるにつれて、体や脳のはたらきがおとろえること。「加齢」ともいいます。すべての人は成長とともに老化していますが、老化の進み具合は人によって差があります。老化が進んでも発達する知能もあります。

体と脳はだんだんと成長する

体と脳はお母さんのおなかのなかにいるときから、だんだんと成長していきます。身長は18さいごろまでのびます。暗記や暗算をする能力は、20代前半にいちばん高くなると考えられています。

体と脳の年齢による変化

コミュニケーションをとる力

暗記や暗算をする力

能力

赤ちゃんは1さいになるまでに体重が約3倍にふえ、身長が約25cmのびる。この時期に人生のなかでもっとも体が大きく変化する。

女子は11さいごろに1年間で約8cm、男子は13さいごろに約9cmのびる。赤ちゃんのときとこの時期は、体が大きく成長する「成長スパート」とよばれる。

身長は18さいごろまでのびる。

35さいごろから、白髪が生え始める人が多くなる（→35ページ）。

0さい　　　10さい　　　20さい　　　30さい

知能は年をとっても発達する？

年をとって老化が進んでも、ものごとを深く考えたり、人とコミュニケーションをとるための知能は、経験を重ね続け、考えることをやめないかぎり発達し続けると考えられています（→36ページ）。また、運動をしたり栄養バランスのよい食事をとったりすることで、長く健康でいることができます。

老化が進んでも発達する力があるんだね！

※ここでは平均的な成長や老化をしょうかいしています。時期や程度は、人によりちがいがあります。

ものごとを深く考える力

知識や技能を生かす力（結晶性知能）
年をとっても経験を重ねるかぎりのび続けます（→36ページ）。

結晶性知能も、後期高齢期（75さい以上）になるとおとろえやすくなるといわれています。しかし、流動性知能よりも、人によるちがいが大きいと考えられています。

前期高齢期の65さいごろになると、歩く速さがだんだんとゆっくりになる。

その場で対応する力（流動性知能）
計算をしたり、車のブレーキをふむなど、その場で判断したりする力（→36ページ）は、だんだんおとろえていきます。

40さいごろから、老眼が始まり目のピントが合いにくくなる人がふえる（→26ページ）。

70さいごろになると、体のはたらきのおとろえを感じる人が多くなる。一方で年をとるにつれて、幸せを感じやすくなるともいわれている（→39ページ）。

40さい	50さい	60さい	70さい

参考：Horn, J. L. (1970). Organization of data on life-span development of human abilities. In L.R. Goulet and P.B. Baltes (Eds.) Life-Span Developmental Psychology: Research and Theory. New York: Academic Press. (一部改変)

やってみた！ お年よりの体の動きを体験してみよう！

お年よりの体におこる変化を、わかい人が体験するのが「高齢者体験」です。実際に体験して、考えてみましょう。

家で体験できることもありそう！

体の変化を感じてみよう

高齢者の体には、さまざまな変化があります。

全身の筋力がおとろえて体を動かすときに重く感じたり、ひじやひざ、腰の具合が悪くなって、いたみを感じたりする人がいます。また、目に白内障（→27ページ）がおきて、二重三重に重なって見えたり、黄色くぼやけて見えるようになったりすることもあります。

このようなことが組みあわさって、お年よりは、毎日のちょっとした動きに不自由さを感じているのです。

体験は短い時間かもしれませんが、それが一日中続くと考えて取り組んでみましょう。

高齢者体験に使うもの

めがね
白内障の見え方を体験。見るものが黄色く、くもって見える。

サポーター
ひじやひざの動かしにくさを体験。曲げのばしがしにくくなる。

手首と足首の重り
筋力のおとろえによる動かしにくさを体験。それぞれ重りは500g。

耳せん
耳の聞こえにくさを体験。音がこもって聞こえる。とくに、高い音が聞き取りにくい。

上半身の重り
800gの重りが入ったリュック。重さのせいで、体が自然と前かがみになる。背中と腰の筋力のおとろえを体験。

指のテープ
人さし指と中指、薬指と小指を2本ずつテープでまきます。手や指の動かしにくさを体験。

体験1 階段を上り下りする

階段の上り下りでは、ひざを曲げのばしして、片足でバランスをとる動きが必要です。ひざにいたみがあって曲げにくかったり、筋力がおとろえてバランスをとるのがむずかしくなると、転びやすくなってしまいます。下が見えにくいと、一歩一歩、ゆっくり確認しながら下りなければなりません。手すりやエスカレーター、エレベーターなどがあることが、とても大事だとわかります。

下が見えにくくて、少しこわいなぁ。

体験2 さいふからお金を出す

全体が黄色く、ぼやけて見える人は、硬貨の区別がつきにくくなります。はっきり見えないから、色や形のちがいでなんとなく区別しているという人もいます。

さらに、指が動かしにくいため、さいふから取り出す動きもすぐにはできません。レジで会計をするときに時間がかかってしまう原因です。

50円と5円、くらべたらわかるけれど、さがしにくい!

見え方のイメージ

体験3 たなからものを下ろす

高いところからものを下ろすには、かたやひじを大きく動かさなくてはなりません。いたみをかかえている人にとっては、つらい動きです。また、筋力がおとろえていると、重たいものをしっかりつかむことができず、落としてしまうこともあります。バランスをくずして転ぶこともあり、家のなかでの事故につながります。

ひじが曲げにくくて、バランスがとりにくいな。

体験を終えて身につけていたものを全部外すと、体がすっきりしました。一つひとつのことは、それほどたいへんじゃないかなと思いましたが、いくつかが組みあわさるとむずかしいこともありました。もしこまっているお年よりの人がいたら、手助けしてあげたいなと思いました。

教えて！

目はどう変化するの？

年をとると、目はどのようになるのかな？
みんなにできることがあるか
考えてみよう！

見えにくさが始まっているよ

年をとるにつれ、目のはたらきが落ちて、近くのものが見えにくくなります。これは老眼といい、わかい人の遠くのものがよく見えない「近視」や、近くのものがよく見えない「遠視」とはちがい、年をとっておこる変化です。また、色の区別がつきにくくなります。とくに青系の色は、ちがいがわかりにくくなります。ほかにも、明るさが急にかわると目がなれるのに時間がかかる、少し暗くなると見えにくくなる、などの変化がおこります。

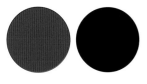

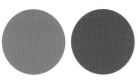

区別がつきにくい色の組みあわせ。明るい色同士や暗い色同士だと、色のちがいがわかりにくい。

おばあちゃん、くつ下の色が左右でちがうよ。

色を見分けにくくなる。

20代
80代

左は20代、右は80代の人の火の見え方。いちばん高温の青白い火の先端が見えづらくなり、やけどや火事の危険もある。

早く注文しようよ〜！

文字が小さくて見えない。

小さな文字が読みにくくなる。

原因は 目のなかのレンズがかたくなる

　年をとると、目のなかでカメラのレンズの役割をする「水晶体」がかたくなります。また、水晶体がにごってしまい、目がかすんで見えにくくなる「白内障」になることもあります。

目のはたらきをくらべると……

わかい人の目

お年よりの目

近くを見るときは、水晶体をふくらませてピントを合わせる。

水晶体がかたくなり、ピントを合わせるのがむずかしい。

目のしくみ

網膜
角膜
硝子体
水晶体

　目は、ボールのように丸い形をしていて、見えるものによって、水晶体のあつさをかえてピントを合わせる。ふだんは遠くのほうが見えるようにピントが合っていて、近くのものを見るときに、水晶体をふくらませてピントを合わせる。

目にやさしい環境は？

新聞や本を読むときは部屋全体を明るくする

手紙のやりとりをするときは……

手紙を書くときは大きく、こい文字で書く

えんぴつや黒いサインペンの文字は読みやすい

おばあちゃんへ
お元気ですか？
わたしは

お年よりが字を読みづらそうにしていたら、いっしょに読んであげたいな！

みつけたよ！

見えにくさを助ける道具

「近くのものが見えにくい」という老眼のなやみを助ける道具です。そのときどきに合わせて、使う道具をえらべます。

老眼鏡

目のピントを合わせるのを助けるめがね。

大活字本

通常の文庫本　　大活字本

文字の大きさや行間を読みやすく調整した本。

ルーペ

かざしたものが大きく見える。小さな文字を読むときなどに使う。

教えて！ 耳はどう変化するの？

お年よりに話したことを
何度も聞き返されたことはない？
それは、年をとって耳のはたらきが
おとろえていくからなんだ。

難聴

耳が聞こえにくい状態を
「難聴」といいます。年をとる
と、高い音から聞こえにくく
なります。聞こえにくさは、
一人ひとりちがいます。

聞こえづらいことが多くなるよ

お年よりになると、音を聞きとる力が弱くなっていきます。とくに、高い音ほど聞こえにくくなります。たとえば、電話の呼び出し音や体温計の音のような電子音などです。

また、ちょうどよいと感じる音の大きさの範囲がせまくなります。少し音が大きくなっただけでも、とてもうるさく感じたり、ぎゃくに少し音が小さくなっただけで聞こえなくなったりします。自分の声も聞こえにくくなるので、話をするときに声が大きくなる人もいます。

車や自転車が近づいても気づかない。

【 聞く力のレベルと 聞こえにくい音の例 】

(dB) -10

小さな音		よく聞こえる（健聴）
音の大きさ	軽度	木の葉のふれあう音
		ささやき声
大きな音	中程度	図書館 静かな事務所
	聞こえにくい（難聴）	普通の会話

20代
30代
40代
50代
60代
70代
80代

125 250 500 1000 2000 4000 8000 (Hz)

低い音　音の高さ　高い音

年をとるにつれて、とくに高い音が聞こえにくくなっていることがわかる。

どうせよく聞こえないし……。

話し声が聞きとりにくいため、会話がしづらくなり、周りの人とのコミュニケーションがへってしまう。

原因は 「音を受け取る細胞」は年をとるとへる！

年をとるにつれて、耳のなかの「音を受け取る細胞」が少なくなり、音が聞こえにくくなります。

細胞をくらべると……

わかい人の細胞

お年よりの細胞

ところどころ細胞がぬけ落ちている。

写真提供／東京大学名誉教授　野村恭也

音が聞こえるしくみ

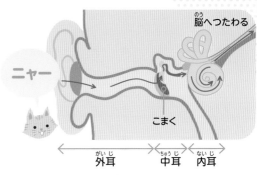

脳へつたわる

ニャー

こまく

外耳　中耳　内耳

耳は、外のほうから「外耳」「中耳」「内耳」の3つに分けられる。いま、ねこが「ニャー」と鳴いたとすると、その鳴き声は、周りの空気をふるわせて耳に入り、中耳にある「こまく」をふるわせる。こまくのふるえは、内耳にある「音を受け取る細胞」によって、脳へつたえられる。そうすると、ねこが「ニャー」と鳴いたと感じる。

お年よりと話すときは……

話は短くはっきりとつたえる

身ぶりで合図したり、視線を合わせてから話す

テレビや音の鳴るものはスイッチを切る

正面からゆっくり、大きな声で話す

話し方やつたえ方を工夫したいな！

左右の耳の聞こえに差があるときは、聞き取りやすいほうの耳や補聴器をつけた耳のほうへ話しかけましょう。

みつけたよ！

聞こえにくさを助ける道具

補聴器で聞こえをおぎなうことで、生活の質をよくすることができます。補聴器には、いくつか種類があります。

耳かけ型
日本で売られている補聴器のおよそ65％が耳かけ型。

めがねをかけるように、耳にひっかけて使う。難聴の症状が重い人も使える。

耳穴型

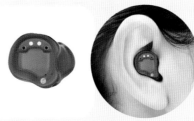

耳の穴のなかに入れて使う。つけはずしが簡単で、目立ちにくい小型のものもある。

ポケット型

イヤホンを耳につけ、本体はポケットなどに入れて使う。

教えて！

足や腰はどう変化するの？

年をとると、腰が曲がっていくのは
どうしてだろう。
どんな動きがたいへんなのかな？

歩く速さがゆっくりになるよ

年をとると、足が上がりにくくなったり、歩く速さがおそくなったりしていきます。体をまっすぐにするのがむずかしく、ふらつきやすくなるので、せまい歩道や小さな段差がある道を歩くときなどに危険があります。

また、体力が落ちていくので、わかい人にくらべて少し歩いただけでもつかれてしまいます。つかれやすいため、外出がへり、ますます体力が落ちてしまうこともあります。

横断歩道で信号が青のうちにわたりきれない。

全身の筋力が弱くなり、顔が前に出る。背骨は前にたおれ、腰やひざが曲がる。

歩道と車道の2cmほどの段差。横断歩道をわたって歩道に入るときに、つまずく危険がある。

まだ半分か…。

階段を上り下りするのもひと苦労。

30

骨が弱くなり、筋肉がへっていく

年をとるにつれて、骨が弱くなったり筋肉がへったりします。80代の女性のふたりにひとりが**骨粗しょう症**といわれています。転んだだけで骨折してしまうこともあります。

背骨をくらべると……

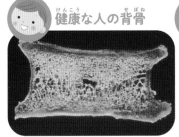
健康な人の背骨

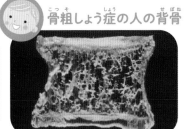
骨粗しょう症の人の背骨

骨がすかすかになっている。

写真提供：浜松医科大学名誉教授　井上哲郎

歩くために必要な筋肉

赤いところが、歩くために必要な筋肉。これらの筋肉がへると、ふらついたり転んだりしやすくなる。運動をすることで、筋肉がへるのを防ぐことができる。

室内の安全のためには……

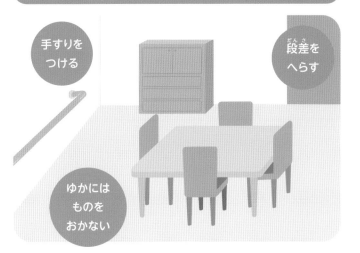

手すりをつける

段差をへらす

ゆかにはものをおかない

外出するときは……

安全に気をつけて、いっしょにお散歩に行きたいな！

歩く速さを合わせる

みつけたよ！

歩行や移動を助ける道具

歩いたり移動したりするのを助けます。一人ひとりの体のじょうたいに合わせた道具を使います。

ケアシューズ

すべりにくく安定感があり、口が広いので、はいたり、ぬいだりしやすい。

つえ

体をささえて、足腰への負担をへらす。

車いす

自分の力で歩くことがむずかしい人の移動を助ける。

うでや手は
どう変化するの？

教えて！

お年よりのうでや手には、
どんなことがおこっているのかな？
くわしくみてみよう。

うでや手が動きにくくなるよ

年をとると、うでや手にもさまざまな変化がおきます。たとえば、重いものをもつ、うでを高く上げる、ゆかや低いところにあるものを取る、などの動きがむずかしくなります。また、指先の感覚がにぶくなるので、細かい動きがしづらくなります。ボタンをかけるのに時間がかかったり、はしやスプーンをうまく使えなくなったりします。

重いものを運ぶのがつらくなる。

早く
行こうよ！

ボタンがある服を着るのに時間がかかる。

その一方で、なくならない力もある！

この道50年！
まだまだ現役だよ。

料理はまかせて。
毎日つくっているもの！

細かい動きがむずかしくなっても、熟練した技は上手にできることが多い。

うでや手の筋肉がへっていく

年をとると、うでや手の筋肉がへり、ものをもったりにぎったりする力が弱くなっていきます。にぎる力は30代から40代がいちばん強く、そこから少しずつ落ちていきます。

ものをにぎる力をくらべると……

小学6年生（12さい）の握力
男子 24.69kg
女子 21.38kg

30代後半の人の握力
男性 46.44kg
女性 28.54kg

70代後半の人の握力
男性 35.01kg
女性 22.47kg

出典：令和4年度体力・運動能力調査（スポーツ庁）

指は第二の脳！

大脳のおよそ3分の1は、手指をコントロールするために使われている。指先を使った細かい作業は、脳を刺激して認知機能の低下を予防するといわれている。

お年よりがこまっていたら……

よかったら
手伝いましょうか？

ぼくが
開けようか？

手伝いは必要かどうか、相手の気持ちを聞いてからするといいよ！

みつけたよ！

うでや手の力を助ける道具

うでや手の力が弱くなっても、道具を使うことで動きをおぎなうことができます。便利な道具をしょうかいします。

シルバーカー

重い荷物を入れて歩くことができる。腰かけになるものもある。

孫の手

うでが上がらなくても、背中をかくことができる。

キャップ回し

握力が弱くなっても、簡単にキャップ（ふた）を開けられる。

教えて！ 歯・はだ・かみは どう変化するの？

お年よりの歯・はだ・かみには
どんな特徴があるのかな？
くわしくみてみよう！

歯　歯がぬけ、かむ力が弱くなる

　年をとると、虫歯や歯周病（歯ぐきや歯をささえている骨がとけてしまう病気）などによって、歯がぬけていきます。

　また、かむ力が弱くなるので、かみごたえのある食べ物が食べにくくなります。食べにくいからと、やわらかいものばかり食べると、ますますかむ力がなくなってしまいます。

おとなの
歯は
28本！※

80代前半の人の
歯の本数は
平均15.6本

おとなの歯。20本以上の歯があると、満足な食生活が送れるといわれている。

※親知らずをのぞく。

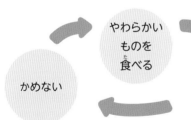

やわらかい
ものを
食べる

かめない

かむ力が
落ちる

味覚・嗅覚も低下する

　味を感じる味覚や、においを感じる嗅覚も低下します。味がもの足りなく感じたり、自分で調味料を足すようになったりします。塩分の取りすぎは、高血圧につながるので注意が必要です。

　また、嗅覚の低下は、ガスもれや食べ物がくさっていることに気づかない危険もあります。食べ物のにおいがわからず、食べる楽しみがへってしまうおそれもあります。

2022年、減塩食品を食べたときに塩味が強く感じられる茶わんやスプーンが開発され、研究が進んでいる。写真は試作品。

写真提供：キリンホールディングス（株）

はだ　水分がへり、かさかさする

　はだには水分がふくまれています。年をとると、はだの水分がへり、乾燥していきます。乾燥が進むと、かゆみやいたみを感じることもあります。

　また、はだがかわくことによってしわができたり、これまでにあびた太陽の光によってしみができたりします。

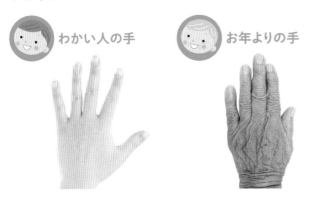

わかい人の手　　お年よりの手

しわは、ひふをよく動かす部分にできることが多い。よくわらう人は目もとや口もとに「笑いじわ」ができやすい。しわは、その人らしさを表すものともいえる。

かみ　白髪になったり、かみがぬけたりする

　年を重ねるにつれて、かみの毛の色をつくる細胞の数がへっていきます。そのため、かみの色がぬけて白髪になります。また、かみがぬけてから新しいかみが生えてくるまでの期間が長くなるため、かみがうすくなる人もいます。

　かみは変化していきますが、そめたりウィッグ（かつら）をつけたりして、おしゃれを楽しむ人もいます。

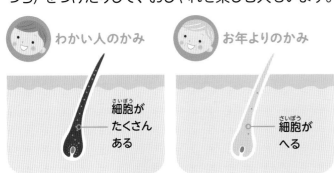

わかい人のかみ　　お年よりのかみ

細胞がたくさんある　　細胞がへる

福祉美容師・福祉理容師が家へ来て、髪型を整えてくれる「訪問美容サービス」もある。美容院へ行くことがむずかしくても、自分らしい髪型ですごすことができる。

わたしも年をとったら、しわができたり白髪になったりするのかな？

そうだね！そんな見た目の変化も、個性のひとつなんだよ。

脳はどう変化するの？

年をとると、ものわすれがふえて
脳のはたらきは落ちていくと思っていない？
じつは、それだけじゃないんだ。

年をとってものびる力もある！

年をとると、体と同じように脳も変化します（→22ペー
ジ）。脳の細胞が少しずつへり、何かを記憶したり判断した
りする「流動性知能」がおとろえていきます。でも、苦手
なことがふえるだけではありません。経験や学習でえた知
識や技能を、ほかの場でも生かす「結晶性知能」は、75
さいをすぎてものび続ける人がいるといわれています。

年をとってものわすれがふえることと、認知症によっても
のがおぼえられなくなることはちがいます。認知症につい
ては、3巻10ページをみましょう。

脳が記憶するしくみ

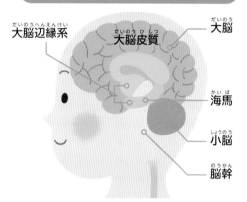

大脳辺縁系　大脳皮質　大脳
海馬
小脳
脳幹

何かを記憶するとき、その情報は大脳のなか
の海馬に運ばれる。海馬に送られた情報のう
ち、大切な情報は、大脳の表面をおおう大
脳皮質にためられる。

その場で対応する力（流動性知能）

200円×2個
＋100円
＝500円

暗算や暗記力など、その場で判断したりおぼえたりする力のこと。
20代がもっとも高く、その後は下がっていく。

知識や技能を生かす力（結晶性知能）

こまったな……。
そうだ！
あのときはこうしたら
うまくいったな！

〇〇〇のとき
〰〰〰

〇〇のとき
〜する

〇〇を
調べてみよう

知識や経験を生かして応用したり、人とコミュニケーションをとった
りする力のこと。経験を重ねるかぎり、年をとってものび続ける。

まちがえずに
できるかな？

やって
みよう！

脳のはたらきをはかる
テストにチャレンジ！

「色」と「文字」の両方に意識をはたらかせる力をはかるテストです。この力は、
年をとるにつれておとろえていきます。家族や友だちといっしょにやってみましょう！

問題　文字の色をできるだけ速く、声に出して言ってみましょう。たとえば、「青」は「あか」と答えます。左上から右に読み、できたら次の行に移ります。3回まちがえたら終わりです。いくつ正しく言えるでしょうか？

赤	緑	青	赤	緑	黄
白	赤	赤	緑	青	赤
緑	緑	青	赤	緑	青
黄	青	赤	緑	緑	青
赤	緑	白	緑	青	赤
白	赤	青	緑	赤	黄

答え

き	くろ	みどり	あお	あか	あお
き	き	みどり	くろ	あか	くろ
あか	あお	あか	あお	き	くろ
あか	き	くろ	あお	くろ	あか
あお	くろ	あお	あか	き	くろ
き	みどり	くろ	き	あか	あお

思ったよりむずかしい！
みんなはどれくらい
できたかな？

考えてみよう！ お年よりの心のなかはどうなっているのかな？

「高齢者」って、どんな人たちなのか、いろいろとみてきたね。どんなふうに思った？

年をとるとどんなふうに体がかわっていくのか、わかったわ。おばあちゃんと出かけるときは、歩く速さに気をつけなきゃ！

たくさんのことを経験して、自分のやりたいことをみつけてきたんだね。もっといろいろな人の話を聞きたくなったな！

心のなかを想像してみよう

年をとるにつれて体や脳がかわっていく様子をみてきましたが、お年よりの「心のなか」はどうなっているのでしょうか？

年をとると体や脳のはたらきがおとろえ、できなくなることがふえて自信をうしなってしまうことがあります。また、家族や友だちなど親しい人をなくし、さびしさを感じることも多くなります。

仕事をしていた人は、退職をして役割をうしなうことで、自分は必要とされていないと感じてしまうこともあります。

このようなことから、これまでは年をとるにつれて、人は幸せを感じにくくなるのではないかと考えられてきました。しかし、最近の研究では、そうではないことがわかってきています。

体がおとろえる

役割をうしなう

親しい人がなくなる

38

年をとるにつれて 幸せを感じやすくなる！

　幸せやよろこび、満足などを「ポジティブ感情」といい、怒りや悲しみ、不安などを「ネガティブ感情」といいます。

　年をとるにつれて、病気になったり、親しい人をなくしたりする経験が多くなることから、お年よりは「ネガティブ感情」をもちやすいと思われがちです。

　しかし、ある研究では、「ポジティブ感情」は、年をとるにつれてふえていき、「ネガティブ感情」は、年齢によってほとんど差がないことがわかりました。

出典：Mroczek, D. K., & Kolarz, C. M. (1998). The effect of age on positive and negative affect: A developmental perspective on happiness. Journal of Personality and Social Psychology, 75(5), 1333–1349.（一部改変）

ポジティブ感情とネガティブ感情の年齢による比較

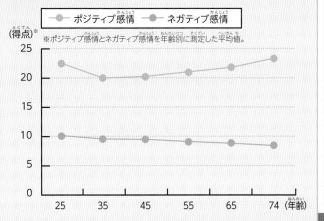

（得点）※　※ポジティブ感情とネガティブ感情を年齢別に測定した平均値。

ポジティブ感情　ネガティブ感情

なぜ幸せを感じやすくなるの？

　お年よりが幸せを感じやすくなるのは、人生にのこされた時間が少ないことを知っているので、その時間を前向きにすごそうとするからだと考えられています。不安になるようなことはさけて、心がみたされるような行動をとるのです。

　たとえば、義理を感じてむりに人とつきあうようなことはしなくなり、その時間を自分のすきなことに使おうとします。また、食べるものも、どんな味がするのかわからない、食べたことのないものはさけて、食べなれたものをえらびます。

　このような心の動きによって、お年よりはわかい人よりも幸せを感じやすくなるのです。

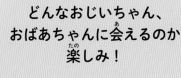
お年よりは、体力はおとろえても、心をみたして自分らしく生きる人生の大先輩なんだ。2巻では、お年よりとふれあうコツをしょうかいするよ！

どんなおじいちゃん、おばあちゃんに会えるのか楽しみ！

さくいん

監　　修	佐藤眞一
装丁・本文デザイン	鳥住美和子 (chocolate.)
表紙イラスト・まんが	朝倉千夏
本文イラスト	かまたいくよ
企画編集	頼本順子・山岸都芳 (小峰書店)
編集協力	杉田充子・岡 遥香・滝沢奈美・戸辺千裕 (WILL)、横田伸治、山口 舞
Ｄ　Ｔ　Ｐ	滝田 梓・小林真美 (WILL)
校　　正	村井みちよ
撮　　影	大黒屋Ryan尚保、田辺エリ、横田伸治
取材協力	公益社団法人 長寿社会文化協会、特定非営利活動法人 不惑倶楽部、板橋区ラグビースクールジャッカルズ
写真提供	朝日新聞社、アフロ、一般社団法人 日本耳鼻咽喉科頭頸部外科学会 (https://www.jibika.or.jp/owned/hwel/hearingloss/)、井上哲郎、愛媛新聞社、株式会社サンクラフト、株式会社ムーンスター、岐阜市平和資料室、キリンホールディングス株式会社、公益財団法人 骨粗鬆症財団、Cynet Photo、社会福祉法人 埼玉福祉会、中山厚、野村恭也、PIXTA、リオネット補聴器
資料協力	中京眼科 視覚研究所

おじいちゃん、おばあちゃんを知ろう！
❶お年よりってどんな人たち？

2024年4月4日　第1刷発行

発 行 者	小峰広一郎
発 行 所	株式会社 小峰書店
	〒162-0066　東京都新宿区市谷台町4-15
	TEL 03-3357-3521
	FAX 03-3357-1027
	https://www.komineshoten.co.jp/
印刷・製本	図書印刷株式会社

【監修】
佐藤眞一（さとう しんいち）
大阪大学名誉教授／大阪府社会福祉事業団特別顧問

1956年東京生まれ。早稲田大学大学院文学研究科博士後期課程を終え、東京都老人総合研究所研究員、明治学院大学心理学部教授、ドイツ・マックスプランク人口学研究所上級客員研究員などを経て、2009年に大阪大学大学院人間科学研究科臨床死生学・老年行動学研究分野教授に就任。2022年に定年退職。博士（医学）。専門は老年心理学、心理老年学。著書に『認知症の人の心の中はどうなっているのか?』（光文社新書）、『マンガ 認知症』（共著、ちくま新書）、『心理学で支える認知症の理論と臨床実践』（共編、誠信書房）、『老いのこころ』（共著、有斐閣アルマ）、『心理老年学と臨床死生学』（編著、ミネルヴァ書房）、『あなたのまわりの「高齢さん」の本』（主婦と生活社）など多数。

【参考資料】
『あなたのまわりの「高齢さん」の本』（主婦と生活社）
『「結晶知能」革命』（小学館）
『すぐわかる! ジェロントロジー改訂版』（社会保険出版社）
『ふれあうことからはじめよう 高齢社会がわかる本 ① 「年をとる」って、どんなこと?』（くもん出版）
『よくわかる難聴』（金原出版）
厚生労働省e-ヘルスネット
https://www.e-healthnet.mhlw.go.jp/information/

お年よりに話を聞いてみよう!

お年よりの人たちは、ふだんどんなことをしたり、
考えたりしているのでしょうか。
8〜17ページも参考にして、インタビューをしてみよう!

[記入例]

インタビュー準備シート

4年 2組 名前 春村 さくら

インタビューに答えてくれる人をさがそう

① 自分のおじいちゃん、おばあちゃん

② 友だちのおじいちゃん、おばあちゃん

③ 登下校のときに見守りをしてくれる人

④ 習いごとの先生

⑤ 児童館のしょく員さん

考えるヒント!
身近な人や、話を聞いて
みたい人を思いうかべて
みよう!

質問を考えてみよう

① しゅみは何ですか?

② 楽しみにしていることは何ですか?

③ 健康でいるためにしていることはありますか?

④ これからどんなことをしてみたいですか?

⑤ 今の子どもたちに伝えたいことはありますか?

考えるヒント!
インタビューに答えて
くれる人の生活を想像
してみよう!

話を聞くときのポイントを考えてみよう

① どうしてインタビューをしたいかを伝える。

② ていねいな言葉でしつ問を伝える。

③ とちゅうで話をさえぎらずによく聞く。

④ 聞きながら、メモを取る。

⑤ 話をしてくれたことのお礼を伝える。

考えるヒント!
もし自分がインタビュー
をされたなら、どんなふ
うに聞かれたら答えや
すいかな?

※ワークシートはかならずコピーして使いましょう。